P. PIERLING

DMITRI DIT LE FAUX

ET

LES JÉSUITES

AVEC DEUX FAC-SIMILÉS EN PHOTOTYPIE

PARIS
Librairie ALPHONSE PICARD et Fils
82, rue Bonaparte, VIme
1913.

Publications de la Bibliothèque Slave de Bruxelles

P. PIERLING

DMITRI DIT LE FAUX
ET
LES JÉSUITES

AVEC DEUX FAC-SIMILÉS EN PHOTOTYPIE

PARIS
Librairie ALPHONSE PICARD et Fils
82, rue Bonaparte, VIᵐᵉ
1913.

DMITRI DIT LE FAUX

ET

LES JÉSUITES.

Dmitri dit le Faux n'est entré en rapports avec les jésuites que le 31 mars 1604. Ce jour-là, le Père Sawicki s'est présenté chez lui, et c'est le nonce de Pologne, Claudio Rangoni, qui s'attribue l'initiative du rapprochement. Désormais, ce fait est acquis à l'histoire (1).

Pour avoir commencé tardivement, les relations mutuelles n'en furent dans la suite que plus fréquentes et plus continues. Les deux lettres de Dmitri, reproduites ici même en phototypie, en fournissent une preuve. Elles sont originales avec signature autographe.

La première, datée de Moscou, du 13 décembre 1605, est adressée au P. Claudio Acquaviva, général de la Compagnie de Jésus (2), à l'occasion du départ pour Rome d'un émissaire de « l'Empereur et grand-prince de toute la Russie ». Deux jésuites, Nicolas Czyrzowski et André Lawicki, avaient accompagné Dmitri pendant sa campagne moscovite, et servi d'aumôniers aux Polonais de son armée. Ils continuaient à exercer leurs fonctions après l'entrée triomphale à Moscou, lorsque l'un d'eux, Lawicki, muni d'instructions précises, fut envoyé en mission auprès de Paul V (3).

En même temps qu'au pape, Dmitri faisait parvenir une lettre au général de la Compagnie. Il comblait d'éloges les deux aumôniers, leur piété, leur caractère, leur zèle pour l'Église romaine. Non seulement, disait-il, ils ne m'ont jamais quitté, fût-ce même dans les moments les plus critiques, mais, lorsque des soldats révoltés menaçaient de se débander, ils leur ont persuadé de rester sous mes drapeaux. En vue de ces mérites, Dmitri se croyait autorisé à les recommander à la bienveillance de leur chef hiérarchique, et il prévenait celui-ci que Lawicki avait un mandat à remplir en cour pontificale.

Il convient de supposer que cette lettre n'est pas restée sans réponse, bien que le

(1) Pierling, *La Russie et le Saint-Siège*, t. III, p. 75. Dans le même volume, on trouvera les détails sur les faits auxquels il n'y a ici que des allusions.

(2) Planche I.

(3) Voir le texte des instructions dans Pierling, *Rome et Démétrius*, p. 166, n° 8.

texte ne s'en soit pas conservé. Ajoutons encore que Lawicki fut chargé de remettre à Dmitri, de la part des jésuites de Rome, trois beaux volumes, reliés en cuir rouge, ornés de gravures et pourvus d'inscriptions dédicatoires.

La seconde lettre reproduite en phototypie est du 23 février 1606 (1). Elle a été écrite également à Moscou et envoyée à Decio Striveri, provincial des jésuites de Pologne. Au cours de la campagne, Dmitri avait plus d'une fois manifesté des projets grandioses : guerre contre l'Islam, diffusion de la science en Russie, érection d'académies, fondation de collèges. Moins expansif depuis l'entrée à Moscou, il avait parfois comme des rappels de l'ancienne exubérance, et comptait toujours se servir des jésuites dans ses entreprises. Ayant jugé nécessaire la présence à Moscou de leur provincial, et jaloux de lui donner des preuves de ses bonnes dispositions, il le met en demeure, dans l'intérêt de la Compagnie et de toute l'Église romaine, d'arriver au plus tôt, et le prévient gracieusement que, pour faciliter le voyage, des ordres ont été donnés au palatin de Smolensk. Quelque pressante que fût l'invitation, Striveri ne s'y rendit pas, et n'alla point à Moscou. L'on ignore les excuses qu'il aura fait valoir auprès de Dmitri, car, s'il lui a donné une réponse, celle-ci n'est point parvenue jusqu'à nous. Un double de la même pièce, original aussi, se conserve à la Bibliothèque Jagellonienne de Cracovie, ms. 5, f. 635.

La Bibliothèque Slave de Bruxelles ne possède que ces deux lettres de Dmitri adressées à des Pères de la Compagnie. Par contre, on y trouve, en partie du moins, la correspondance des jésuites entre eux au sujet de cet homme mystérieux. Les autres lettres analogues des mêmes Pères sont disséminées dans différentes archives, notamment dans celles du Vatican, où leur présence s'explique facilement : le nonce de Pologne envoyait à la secrétairerie d'État la copie des lettres que lui communiquaient les jésuites de Cracovie, le Père Acquaviva se dessaisissait même des originaux qui lui étaient adressés. Une fois livrés, copies et originaux ne sortaient plus des cartons du Vatican.

Pour avoir une vue d'ensemble sur les relations des jésuites avec Dmitri et arriver à des conclusions fermes et légitimes, il faut nécessairement prendre connaissance de toutes ces pièces. J'en donnerai plus bas le relevé aussi complet que possible avec les indications indispensables.

(1) Planche II.

Il importe de signaler aussi les imprimés qui peuvent être assimilés aux documents. En première ligne, il faut citer l'opuscule intitulé : *Relatione della segnalata et come miracolosa conquista del paterno Imperio, conseguita dal Serenissimo Giovine Demetrio, Gran Duca di Moscovia, in quest' anno 1605. Colla sua coronatione, et con quel che ha fatto dopo che fù coronato l'ultimo del mese di luglio sino a questo giorno, raccolta da sincerissimi avvisi per Barezzo Barezzi. In Venezia, appresso Barezzo Barezzi, 1605.* Il a été publié sous le nom de Barezzo Barezzi, mais rédigé, sinon par Possevino lui-même, au moins sous sa direction personnelle. Je me flatte de l'avoir suffisamment prouvé ailleurs (1). En quelques endroits, l'opuscule n'est qu'un résumé des lettres de Czyrzowski et Lawicki adressées à leurs supérieurs.

Les *Litterae Annuae Societatis Jesu*, annales domestiques, composées par les jésuites eux-mêmes et destinées à leur usage particulier, contiennent des détails sur Dmitri dans les volumes suivants : année 1604 *(Duaci, 1618)* p. 704 ; année 1605 *(Duaci, 1618)* p. 913 ; année 1606 *(Moguntiae, 1618)* p. 694 ; année 1608 *(Moguntiae, 1618)* p. 721.

Une source plus abondante jaillit du tome II de l'*Historicum diarium domus professae Societatis Jesu Cracoviensis* rédigé par le P. Jean Wielewicki. *(Scriptores Rerum Polonicarum,* t. X, Cracoviae, 1886). L'auteur était contemporain, habitait la maison professe de Sainte-Barbe, où Dmitri a fait son abjuration, et il avait sous les yeux le journal du P. Sawicki malheureusement perdu pour nous.

Enfin, de Wielewicki il faut rapprocher Rostowski : *Lituanicarum Societatis Jesu Historiarum libri decem auctore Stanislao Rostowski, recognoscente Joanne Martinov. Parisiis, 1877.* Leurs témoignages méritent d'être comparés.

(1) Бареццо Барецци или Поссевино ? dans Изъ Смутнаго Времени. с. 205. — С-Петербургъ, 1902.

CORRESPONDANCE
DES JÉSUITES AU SUJET DE DMITRI DIT LE FAUX.

Signes conventionnels et abréviations. L'astérisque désigne les pièces inédites. L'*incipit* est en *italiques*. La lettre a veut dire autographe ; c — copie ; F — fonds ; Imp. imprimé ; o — original. *Rome* indique *Rome et Démétrius* (Paris, 1878) ; *Russie* — *La Russie et le Saint-Siège* (t. III, Paris, 1901) ; *Starina* — Старина и Новизна, livre XIV, Moscou, 1911).

Voici les noms des auteurs des lettres ou mémoires : Barszcz (Barscius), Frédéric, jésuite, confesseur de Sigismond III ; Borghèse, cardinal Scipion ; Bosgraven, Jacques, jésuite, délivré, grâce à Possevino, des prisons d'Élisabeth d'Angleterre ; Czyrzowski, Nicolas, aumônier de l'armée de Dmitri ; Dmitri dit le Faux ; Lawicki, André, aumônier de la même armée ; Possevino, Antonio, jésuite ; Sawicki, Gaspar, jésuite, confesseur de Dmitri ; Skarga, Pierre, jésuite, célèbre prédicateur ; Striveri, Decio, provincial des jésuites de Pologne.

Suivent les noms de ceux qui ont reçu les lettres ou mémoires : Acquaviva, général des jésuites ; Borghèse, cardinal Scipion ; Dmitri dit le Faux ; Ferdinand I, grand-duc de Toscane ; Francesco Maria II, duc d'Urbino ; Grodzicki, Stanislas, jésuite, préposé de la maison professe de Cracovie ; Lawicki, André ; Paul V, pape ; Possevino, Antonio ; Rangoni, Claudio, nonce de Pologne ; Sawicki, Gaspar ; Striveri, Decio.

Les cotes se rapportent aux autographes, lorsque ceux-ci ont été retrouvés, ou bien à des copies contemporaines et authentiques. Les pièces non cotées sont réunies à la Bibliothèque Slave de Bruxelles, n° 70, rayon 21. Le fonds Borghèse, on le sait, fait partie, depuis quelques années, des Archives du Vatican.

J'ai noté les pièces imprimées dans *Rome et Démétrius*, dans le tome III de *La Russie et le Saint-Siège*, et tout récemment dans le recueil historique russe Старина и Новизна, mais je n'ai tenu aucun compte des traductions, ni de quelques textes publiés sans souci de la critique.

1604 *, 21 mai, Cracovie, Anonyme (1) à Possevino, *De rebus nostris.* o.

---

(1) Cet anonyme, comme l'atteste le contenu de la lettre, est un jésuite de Cracovie.

DMITRI A CLAUDIO ACQUAVIVA

Demetrius

1604 *, 10 novembre, Tchernigov, Czyrzowski et Lawicki à Striveri, *Emensis magnis*, c. F. Borghèse, III, 90 b, f. 300.

» * 4 décembre, Novgorod de Séversk, Czyrzowski à Striveri, *Litteras R. V. Leopoli datas*, c. F. Borghèse. III, 90 b, f. 296.

1605 *, 13 février, Cracovie. Sawicki à Possevino, *Nihil pene aliud*. a.

» * 20 février, Cracovie. Sawicki à Possevino, *Postremis meis*. a.

» 8 mars, Poutivl, Czyrzowski et Lawicki à Striveri, *Nos Putivoli*, c. Imp. *Rome*, p. 203, n° 3.

» 17 mars. Poutivl, Czyrzowski et Lawicki à Striveri, *Accesserunt hoc tempore*. c. Imp. *Rome*, p. 204, n° 4.

» * 15 avril, Poutivl, Lawicki à Acquaviva, *Quas pridem a Domino*. a.

» 9 mai, Poutivl, Czyrzowski à Striveri, *Ante tres fere hebdomadas*. c. Imp. *Rome* p. 205, n° 5.

» * 13 mai, Poutivl, Czyrzowski à Striveri, *Scriptis et obsignatis*. a.

» * 15 mai, Cracovie, Sawicki à Possevino, *Nihil fere habeo*. a.

» * 22 mai, Poutivl, Czyrzowski à Acquaviva, *Ea quae de Ill. Ducis*. a.

» * 22 mai, Poutivl, Lawicki à Striveri, *Ecce tandem post varios casus*. c.

» * 23 mai, Poutivl, Czyrzowski à Striveri, *Post litteras R. V.* c.

» 23 mai, Poutivl, Lawicki à Acquaviva, *Quando tam vastus*. a. Imp. *Rome*, p. 209, n° 6.

» 23 mai, Poutivl, lettre anépigraphe, *Multis non possum*. Archives de Frauenburg, F. Rudnicki, D. 41, f. 35. Imp. *Starina*, p. 390 (1).

» 25 mai, Poutivl, lettre anépigraphe, *Morte subita et horribili*. Archives de Frauenburg, F. Rudnicki, D. 41, f. 38. Imp. *Starina*, p. 391 (2).

» * 5 juin, Cracovie, Sawicki à Possevino, *Respondi nuper*. a.

» * 12 juin, Cracovie. Sawicki à Possevino, *Scripsi nuper R. V.* a.

» * 15 juin, Toula, Czyrzowski à Striveri, *Litteras R. V. a medio anno*. c.

» * 15 juin, Toula, Lawicki à Striveri, *Post certissimum nuntium*. c.

» * 19 juin, Cracovie, Sawicki à Possevino, *Heri accepi*. a.

(1) Cette lettre a été imprimée sans autre indication. Elle est évidemment de Lawicki à un confrère ou supérieur. On y retrouve les mêmes expressions que dans la lettre du 23 mai à Acquaviva.

(2) Lettre imprimée dans les mêmes conditions que la précédente, et qui doit être également attribuée à Lawicki.

1605 [*], 10 juillet. Cracovie, Sawicki à Possevino, *Ante duos dies.* a.

» 10 juillet. Venise, Possevino à Ferdinand I, grand-duc de Toscane, *Nelle cose pertinenti.* a. Archives d'État de Florence, Mediceo. filza 954, f. 22. Imp. *Starina*, p. 372.

» * 10 juillet. Venise, Possevino à Dmitri, *Non mentiar si quae.* a. minute.

» * 14 juillet (8 août) Moscou, Lawicki à Striveri, *Ecce tandem quae Dei bonitas.* c. F. Borghèse, II, 499. (1).

» * 17 juillet, Cracovie, Sawicki à Possevino, *Per proximam postam.* a.

» * 24 juillet. Cracovie, Sawicki à Possevino, *Post ultimas meas.* a.

» * 26 juillet, Kalisz, Striveri à Possevino, *La communicatione.* a.

» 16 août, Moscou, Lawicki à Grodzicki, *Litterarum fasciculum.* c. F. Borghèse, II, 499. Imp. *Rome*, p. 211, n° 7 ; *Starina*, p. 392.

» 17 août, Moscou, Czyrzowski à Sawicki, *Omnes rumores* c. F. Borghèse, II, 499. Imp. *Starina*, p. 396.

» 17 août, Moscou, Czyrzowski à Striveri, *Ecce tandem quod optavimus.* a. Archives Doria Pamphilj, *Relazioni*, 81, f. 209 à 272. Imp. *Starina*, p. 393.

» * 20 août, Cracovie, Sawicki à Possevino, *Superioribus duabus postis.* a.

» * 13 septembre, Lublin, Striveri à Possevino, *Non ho scritto un pezzo.* a.

» 21 septembre, Moscou, Czyrzowski à Acquaviva, *Quod votis.* a. F. Borghèse, II, 499. Imp. *Starina*, p. 402.

» * 21 septembre, Czyrzowski à Striveri, *Ternas jam.* c.

» 21 septembre, Moscou, Lawicki à Acquaviva, *Tandem aliquando.* a. F. Borghèse, II, 499. Imp. *Starina*, p. 397.

» * 21 septembre, Moscou, Lawicki à Striveri, *Clauderem litteras,* c.

» 24 octobre, Moscou, Czyrzowski à Striveri, *Post ultimas Calissio.* c. F. Borghèse, II, 499. Imp. *Starina*, p. 404.

» 6 novembre, Moscou, Post-scriptum de la lettre précédente, *Scriptis litteris.* c. F. Borghèse, II, 499. Imp. *Starina*, p. 406.

» * 5 décembre, Moscou, Czyrzowski et Lawicki, *Missio Moscovitica anno 1605.* c. Ce journal, rédigé par Lawicki et signé par les deux aumôniers, existe en deux textes. Le second, daté du 7 février 1606, présente quelques variantes

---

(1) Les folios du ms. Borghèse, II, 499, ne sont pas numérotés.

et des abréviations. Il porte la signature autographe de Decio Striveri. o.

1605 , 13 décembre, Moscou, Dmitri à Acquaviva, *Discedentibus nobis*. o. Reproduction phototypique. Planche I.

» 18 décembre, Instructions de Dmitri à Lawicki, *1*. *In primis ostendet*. o. F. Borghèse, II, 499. Imp. *Rome*, p. 166, n° 8.

» * 24 décembre, Rome, Le cardinal Borghèse à Sawicki, *Scrive il Nuntio*. a. F. Borghèse, I, 933.

» * 29 décembre, Moscou, Czyrzowski à Striveri, *Per celerem tabellarium*. c.

* 31 décembre, Moscou, Czyrzowski à Acquaviva, *Quod erat maxime optandum*. a.

1606 *, 20 janvier, Venise, Possevino à Francesco Maria II, duc d'Urbino, *Si degnò l'Alt. V*. a. Archives d'État de Florence, Urbino, Classe I, Divisione G, f. CCXIX.

» * 27 janvier, Cracovie, Sawicki au cardinal Borghèse, *Accepi paucis ante diebus*. a. F. Borghèse, III, 108, f. 2.

» * 10 février, Olmutz, Lawicki à Acquaviva, *Accelero Romam*. a.

» 16 février, Moscou, Czyrzowski à Striveri, *Ante aliquot dies*. c. F. Borghèse, II, 499. Imp. *Starina*, p. 407.

» 20 février, Moscou, Czyrzowski à Striveri, *Nudius tertius*. c. Fonds Borghèse, II, 499. Imp. *Starina*, p. 408.

» 23 février, Moscou, Dmitri à Striveri, *Cum Reverendorum Patrum*. o. Imp. *Rome*, p. 170, n° 12. Reproduction phototypique. Planche II. — Original en double avec sceau à Cracovie, Bibliothèque Jagellonienne, ms. 5. f. 635.

» * 19 avril, Macerata, Lawicki à Acquaviva, *De casu meo*. a.

» * 22 avril, Lorette, Lawicki à Acquaviva, *Scripseram ad Vam Ram Paternitatem*. a.

» * 29 juillet, Cracovie, Skarga à Acquaviva, *Ante octo dies*, a.

» * 12 août, Kalisz, Bosgraven à Possevino, *Rae Tuae litteras*. a.

» * 23 septembre, Wislica, Barszcz à Claudio Rangoni, *Moscovitica*. *Anno 1606, 19 septembris, cum Visliciae incidissem*. c. F. Borghèse, II, 499 (1).

» * 27 septembre, Bologne, Possevino, à Francesco Maria II, duc d'Urbino, *Mi*

---

(1) La note du P. Barszcz est anonyme, mais il est sûr qu'il en est l'auteur. Voir les dépêches du nonce Rangoni au cardinal Borghèse, du 25 et 28 septembre 1606. (F. Borghèse, II. 230), et celle du cardinal Borghèse au nonce Rangoni, du 11 novembre de la même année. (Archives du Vatican, *Polonia*, t. 173, f. 102).

        commanda l'Alt. Vra. a. Archives d'État de Florence, Urbino, Classe I, Divisione g. f. CLXXI.

1606 *, 31 octobre, Lvov, Lawicki à Claudio Rangoni, *Permultae causae.* c. F. Borghèse, II, 499.

1607 *, 12 janvier, Lvov, Lawicki à Striveri, *Pridie festi Trium Regum.* c. F. Borghèse, II, 234.

1609 *, 14 février, Cracovie, Czyrzowski à Acquaviva, *Divinae bonitati.* a.

Sans date *, Sawicki à Claudio Rangoni, 1, *Utrum interim dum procuratur unio,* c. Cette note du P. Sawicki est intercalée dans un rapport non daté du Saint-Office et précédée de ces mots : *Pater autem Savicius, Jesuita, qui fuit eius confessarius Cracoviae dedit quaedam puncta Do Rmo Nuntio Poloniae... Puncta vero seu dubia sunt infra de verbo ad verbum. 1. Utrum interim etc.* Archives du Saint-Office, IV, f. 37.

Sans date, Possevino à Paul V, *Doppo le due volte.* a. F. Borghèse, II, 24, f. 246 Imp. *Russie,* t. III, p. 445, n° II.

Sans date, Quelques feuillets détachés écrits de la main de Possevino ou, au moins, corrigés par lui, contenant des extraits de l'opuscule cité plus haut de Barezzo Barezzi, et réunis sous le titre actuellement inexact : Acta in negocio et casu Demetrii Magni Moscoviae Ducis. Extat intus relatio recuperati Magni Ducatus et pleraque a nostris Patribus missa ad P. Possevinum. Archives du Vatican, *Possevini Epistolae, 1596, 1600, 1602, 1611.* Liasse non cotée. Les *Acta in negocio* forment un cahier de cette liasse.

TEXTE DES DEUX LETTRES REPRODUITES EN PHOTOTYPIE.

I

DMITRI A CLAUDIO ACQUAVIVA.

Nos Serenissimus ac Invictissimus Monarcha Demetrius Joannis Dei Gratia Imperator et Magnus Dux totius Russiae atque universorum Tartariae Regnorum aliorumque plurimorum Dominiorum Monarchiae Moschoviticae subiectorum Dominus et Rex.

Discedentibus Nobis ad recuperandum avitum Imperium Nostrum ex Regno Poloniae, adiunxerant sese Nobis voluntate superiorum suorum duo Societatis Jesu Patres, alter Reverendus Nicolaus Cirovius, alter vero Andreas Lavitius : ambo ea integritate et pietate praediti, ut merito Nobis exercituique Nostro, qui tam vigilantes Numinis Divini deprecatores nactus fuisset, gratularemur, atque praesentia eorum magnopere delectaremur. Etenim non ipsi tantum constanter Nobiscum, difficillimis licet rebus Nostris, huc usque permanserunt, verumetiam militem externum licentius agere assuetum, saepius tumultuantem et dellabentem, Reverentia quadam Ordinis sui in officio aliquoties retinuerunt. Itaque, ut Nos ipsi eos ob istam eorum pietatem plurimi facimus, Nostroque favore complectimur : ita etiam nunc altero eorum, Andrea Lavitio, cum litteris Nostris et mandatis, ad Sanctissimum in Christo Patrem Dominum Paulum V, Pontificem Maximum proficiscente, litteris Nostris diligenter Reverentiae Tuae commendandos esse putavimus : Rogantes ut Reverentia Tua tam Nostra causa, quam pro sua erga omnes huius generis homines Officio, maxime autem propter eorum de Sacrosancta Romana Ecclesia merita, cuius commodis et propagationi eos impensius studere compertum habemus, Sacerdotes istos nomine et re Societatis Jesu gratia et favore suo prosequatur, eorumque rationem, si res aliquando exigat, ut par est, habeat. Quod superest Reverentiam Tuam bene ac foeliciter valere optamus. Datum Moscho.iae in Urbe Nostra regnanti. Die XIII Decembris Anno Domini Millesimo Sexcentesimo Quinto Imperii vero Nostri Primo.

Demetrius.

Adresse extérieure : Admodum Reverendo in Christo Patri Claudio Aquavivae Praeposito Generali Societatis Jesu.

II

DMITRI A DECIO STRIVERI.

Nos Serenissimus ac Invictissimus Monarcha Demetrius Joannis Dei Gratia Imperator et Magnus Dux totius Russiae atque universorum Tartariae Regnorum aliorumque plurimorum Dominiorum Monarchiae Moschoviticae subditorum Dominus et Rex.

Cum Reverendorum Patrum in Imperio Nostro commorantium, tum vero universae Societatis Jesu, immo totius Sacrosanctae Romanae Ecclesiae commoda, requirunt adventum huc et praesentiam Reverentiae Tuae, Monemus itaque ut Reverentia Tua pro suo Officio et pietate summa diligentia iter illud suscipiat, atque quanta potest celeritate ad Nos venire contendat : ubi quae est erga Societatem Jesu Nostra inclinatio et benevolentia reipsa experietur. Nos Palatino Nostro Smolenscensi Mandavimus, ut simulac de suo illum adventu Reverentia Tua certiorem fecerit (id autem Orshâ poterit facere) absque ulla mora illam huc deduci curet, omniaque ad iter necessaria praebeat. Datae Moschoviae in Urbe Nostra Regnanti Die XXIIIª Mensis Februarii Anno Domini Millesimo Sexcentesimo Sexto Imperii vero Nostri Primo.

Demetrius.

Adresse extérieure : Reverendo in Christo Patri Decio Striverio Praeposito Provinciali per Poloniam Societatis Jesu.

Publications de la Bibliothèque Slave de Bruxelles

DOCUMENTS.

LETTRE DE DMITRI DIT LE FAUX
A CLÉMENT VIII

PUBLIÉE

par le P. PIERLING

AVEC QUATRE FAC-SIMILÉS EN PHOTOTYPIE

Paris, ALPHONSE PICARD, 1898 *(Épuisé)*.

Pour paraître prochainement.

DMITRI DIT LE FAUX ET POSSEVINO.

ÉTUDES.

P. PIERLING. **La Russie et le Saint-Siège,** Études diplomatiques. Paris, Plon.

I. *Les Russes au Concile de Florence. Mariage d'un Tsar au Vatican. Les Papes Médicis et Vasili III. Mystification et projets d'ambassade.* 2me édition.

II. *Arbitrage pontifical. Projets militaires de Bathory contre Moscou. Le tsar Fedor et Boris Godounov.*

(Couronné par l'Académie française, prix Thiers).

III. *La Fin d'une dynastie. La Légende d'un empereur. L'Apogée et la Catastrophe. Les Polonais au Kremlin.*

IV. *Pierre le Grand. La Sorbonne. Les Dolgorouki. Le duc de Liria. Jubé de la Cour.*

(Couronné par l'Académie française, prix Thérouanne).

V. *Catherine II. Paul I. Alexandre I.*

MICHEL D'HERBIGNY. **Un Newman Russe. Vladimir Soloviev** (1853-1900). Paris, Beauchesne. 1911.

(Couronné par l'Académie française, prix Monthyon).

POUR PARAÎTRE PROCHAINEMENT.

P. PIERLING. **Un problème historique. L'empereur Alexandre Ier est-il mort catholique ?** 2me édition.

Imprimerie Polyglotte JULES DE MEESTER, à Roulers, (Belgique).